W0467295

Tatiana Warchola

DIY Putzmittel

– NATÜRLICH SAUBER –

natuerlichmama.de blog

ISBN 978-3-99025-191-1
© 2015 Freya Verlag KG
Alle Rechte vorbehalten
A-4020 Linz
www.freya.at

Layout: freya_art, Daniela Waser, Christina Diwold
Lektorat: Dipl. Päd. Magdalena Fuchs
Fotos: Christina Diwold
© Fotolia: geografika, SG- design, Heike Rau, Africa Studio, Syda Productions, vipman4, cook_inspire, Daria Minaeva, GoodMood Photo, Coprid, euthymia, gold36 inueng, akulamatiau, unpict, JPC-PROD, atoss, eyewave, Ladychelyabinsk

printed in EU

Disclaimer:
Dieses Buch dient ausschließlich der Unterhaltung. Es dient nicht der Erteilung medizinischer oder anderer Ratschläge oder der Anweisung zu Produkten. Ich bemühe mich, Ihnen genaue und aktuelle Informationen zur Verfügung zu stellen. Tatiana Warchola/Natürlich Mama kann jedoch nicht für Schäden haftbar gemacht werden, die im Zusammenhang mit diesen Informationen stehen. Deshalb übernehme ich weder ausdrücklich noch konkludent eine Gewährleistung oder Garantie und mache keinerlei Zusicherungen im Hinblick auf die Richtigkeit und Vollständigkeit der zur Verfügung gestellten oder in Bezug genommenen Informationen.

Tatiana Warchola

DIY Putzmittel

– NATÜRLICH SAUBER –

freya

PLATSCH!

INHALT

SAUBER!

DIY

WARUM SOLLTE MAN NATÜRLICHE REINIGUNGSMITTEL BENUTZEN?

Es gibt viele Gründe dafür. Ökologische, finanzielle, moralische ...

Ich jedoch liebe einfach das Gefühl, mein Leben in eigenen Händen zu halten. Ich möchte nicht darauf angewiesen sein, jemand etwas Gutes tut, sondern ich möchte für mich selbst etwas Gutes tun.

Ich liebe es zu wissen, was ich tue und welche Produkte ich benutze und wieso ich dies tue. Ich liebe es einfach, Frau meiner Welt zu sein und für mich selbst zu entscheiden, was ich wil.

1. Geld sparen

Diese Rezepte werden jedem Haushalt helfen, viele Kosten zu sparen, ohne dabei Qualität und in diesem Fall Reinigungskraft einzubüßen. Die meisten Zutaten sind günstig zu kaufen und halten Ewigkeiten bis sie aufgebraucht sind. Wenn ihr gleich große Mengen kauft, könnt ihr auf lange Sicht gesehen sogar noch mehr Geld sparen und euch noch mehr gönnen.

2. Giftige Chemikalien reduzieren

Wir sind ständig irgendwelchen giftigen Chemikalien ausgesetzt. Diese Chemikalien befinden sich in unserer Zahnpasta, Schminke, Reinigungsmitteln, Nahrung und vielen anderen Produkten.

Wollen wir lieber gesund leben und anderen ebenfalls die Chance dazu geben. Es wird vermutlich nicht die Welt retten, doch mit jedem Einkauf, den wir tätigen oder unterlassen, unterstützen wir eine Idee. Welche Idee wollt ihr unterstützen?

3. Ein wunderbares Geschenk

Fragt ihr euch auch immer, was ihr wem zum Geburtstag schenken sollt? Es sind so viele Geburtstage, Taufen, Hochzeiten und dann ist auch schon wieder Weihnachten. Manchmal hat man einfach nicht das Geld, jedem gerecht zu werden und manchmal ist man einfach ratlos.

Tja, Problem gelöst. Verschenkt eure selbstgemachten Produkte. Ihr denkt, dass sei vielleicht etwas billig? Aber nein! Verpackt es schön. Kauft ein tolles Gefäß, eine nette Sprühflasche mit extra gemachtem Label darauf, noch ein paar Schleifchen und jeder wird sich über solch ein Geschenk freuen.

Es ist nicht nur von Hand gemacht, auch wenn sie es dann benutzen, werden sie absolut begeistert sein und euch anflehen, ihnen zu verraten, was du da zusammen- gemixt hast.

4. Sind wir nicht alle ein bisschen Öko

Es ist nicht nur unsere Erde. Wir teilen sie mit Bakterien, Reptilien, Säugetieren, zu denen wir auch gehören, Bäumen, Vögeln und Milliarden von anderen Lebewesen. Durch unsere Entscheidungen im Jetzt, im Hier, entscheiden wir jeden Tag, wie die Zukunft unserer Erde aussehen wird. Wir entscheiden, ob unsere Kinder saubere Luft atmen und klares Wasser trinken werden und können und deswegen ist es so wichtig, dass jeder nur einen kleinen Teil mit beiträgt, um unsere Welt zu retten und zu einem wundervollen Planeten zu machen.

Ihr müsst dafür gar nichts tun, außer einen Schritt nach dem anderen zu machen. Fangt beim Fensterreiniger an, geht dann vielleicht zum Spülmittel über und so weiter und so fort. Ihr müsst nicht alles tun, aber eine einzige Sache kann die Welt verändern.

MacGyver des Haushaltes

5. Familienzeit

Bezieht die ganze Familie mit ein. Mischt Reinigungsmittel zusammen an (bei Kindern natürlich aufpassen und für Sicherheit sorgen). Gemeinsames Arbeiten ist ein Erlebnis und macht Spaß, außerdem geht zusammen vieles leichter!

REINIGUNGSMITTEL IM GEBRAUCH

Vor Kindern und Tieren geschützt aufbewahren

Bevor du eines meiner Reinigungsmittel benutzt, teste es an einer unauffälligen Stelle, um hinterher keine bösen Überraschungen zu erleben.

Ätherische Öle sollten mit Vorsicht genossen werden. Sie sind hochkonzentriert und haben eine sehr starke Wirkung, nicht nur in unseren Reinigungsmitteln, sondern auch auf unser Gemüt und unseren Körper. Deshalb sollten die Mengenangaben wirklich eingehalten werden, so erhältst du nur die guten und gewollten Eigenschaften von ätherischem Öl.

Es handelt sich hier zwar um natürliche Reinigungsmittel, jedoch sollten diese trotzdem nicht gegessen und Augenkontakt vermieden werden. Es wird empfohlen, während der Reinigung Handschuhe zu benutzen, um die Haut zu schützen, da diese Mittel stark wirken.

Hinweis: Stillende Mütter sollten auf extra Düfte verzichten und auch Babykleidung ohne extra Geruch waschen. Babys mögen den natürlichen Geruch der Mutter und fühlen sich dadurch wohler und geborgener.

WAS BRAUCHE ICH?

Natron vs. Soda
siehe S. 12!

Hier ist eine Liste der Zutaten, die für die Rezepte gebraucht werden.

Ätherische Öle
haben viele Vorzüge. Sie riechen nicht nur gut, sondern haben auch teilweise antibakterielle, antifungale und desinfizierende Eigenschaften. Siehe hierfür die Liste auf Seite 11.

Essigessenz
bleicht, entfernt Seifenreste, entkalkt Wasser, entfernt Flecken und entfettet, noch dazu ist sie desinfizierend.

Kernseife
ist sehr mild und wird für fast alle Reinigungsmittel verwendet. Wenn du flüssige Kernseife selber machen möchtest, siehe hierfür Seite 13.

Natron/Backsoda
ist ein ungiftiges, natürliches Mittel und lässt sich vielfältig verwenden. Es eignet sich als Geruchsneutralisator, zum Polieren, Scheuern und generell als Allesreiniger.

Salz
ist ein natürliches Schleifmittel und eignet sich daher hervorragend als Scheuerzutat.

(Wasch-)Soda
entfernt Gerüche, desinfiziert und entfettet.

Wasserstoffperoxid (3-%ige Lösung)
ist ein Bleichmittel und das beste für die Umwelt. Es entfernt Flecken, reinigt und ist ein starkes Desinfektionsmittel.

Zitronensaft
entfettet und kann verschiedene Flecken entfernen.

Zitronensäure
ist eine organische Säure. Sie entkalkt Wasser und kann Wasserflecken entfernen.

ÄTHERISCHE ÖLE EIGENSCHAFTEN

Das sind meine Empfehlungen. Informiert euch auch selbst und findet andere passende ätherische Öle.

Bergamotte
antibakteriell, antiviral,
je nach Situation anregend
oder beruhigend

Eukalyptus
antibakteriell, antifungal,
antiviral, anregend,
konzentrationsfördernd

Grapefruit
antibakteriell, antidepressiv

Lavendel
antibakteriell, antifungal,
antiviral, beruhigend

Zitrone
antibakteriell, antifungal,
antiviral, stimmungsauf-
hellend

Limone/Limette
antibakteriell, antiviral,
stimmungsaufhellend

Rosmarin
antibakteriell, antiviral

Süße Orange
antibakteriell,
stimmungsaufhellend

Minze
antibakteriell, antifungal,
anregend, erfrischend

Teebaumöl
antibakteriell, antifungal,
antiviral

Zedernholz
antibakteriell, antifungal

WO GIBT´S WAS?

Hier findet man alle nötigen Zutaten, die man zum Putzmittel machen braucht. Natürlich findet man aber auch in Apotheken, Drogerie- und Supermärkten in der Umgebung viele Zutaten!

www.dragonspice.de
www.spinnrad.de
www.naturschoenheit.at
www.art-of-beauty.at
www.baccararose.de
www.behawe.com
www.rosarome.de
www.gisellamanske.com
www.allerlei-praktisches.ch
www.gracefruit.com

MASSANGABEN

EL = Esslöffel
TL = Teelöffel
g = Gramm
ml = Milliliter

NATRON VS. SODA

Natron und Soda sind zwei überaus nützliche Hausmittel, die oft miteinander verwechselt werden.

Natron

Der chemische Name für Natron ist Natriumhydrogencarbonat. Es wird auch als Speisenatron oder Backsoda bezeichnet. Natron wird zusätzlich in verschiedenen Lebensmitteln (z. B. Backpulver) und auch in Kosmetikprodukten verwendet. **Anwendung:** Wundermittel für Küche, Haus, Garten und Schönheit.

Soda

Für Soda verwenden Chemiker die Bezeichnung Natriumcarbonat. Soda ist auch bekannt als Waschsoda, Reine Soda und Kristallsoda. Soda reagiert sehr viel stärker und ist basischer als Natron, daher ist sie ausschließlich für Putz- und Waschmittel geeignet.
Anwendung: Dieses Mittel gehört in jeden Haushalt.

Let's get the ball rolling...

FLÜSSIGE KERNSEIFE SELBER MACHEN

1 Stück Kernseife raspeln und mit 2½ Liter kochendem Wasser in einem Gefäß vermischen. Die Seife löst sich im Wasser auf. Abkühlen lassen und ständig rühren, damit eine gelartige Substanz entsteht.

Do it yourself!

Wäsche

PLATSCH!

FLÜSSIGES WASCHMITTEL

Waschsoda beseitigt Flecken, ist günstig und ergiebig!

Zutaten:

- 2–3 EL Kernseife
- 2–3 EL Waschsoda
- 1 Liter abgekochtes Wasser
- Ätherische Öle (optional, siehe S. 11)

1 Kernseife reiben und die Flocken mit etwas heißem Wasser mischen, sodass sich die Seifenflocken darin auflösen. **2** Waschsoda hinzugeben und das restliche Wasser hinzuschütten. **3** Nun können noch die ätherischen Öle hinzugemischt werden. Insgesamt 15–20 Tropfen. **4** Vor dem Gebrauch schütteln, da es sich mit der Zeit etwas absetzen und gelartig werden kann.

Info:
Pro Wäscheladung reichen um die 60 Milliliter. Bei größeren und sehr verschmutzten Ladungen kann man mehr hinzugeben.

Empfehlung:
Zu diesem Rezept sollte man eine halbe Tasse Essigessenz als Weichspüler verwenden, damit das Wasser entkalkt wird und die Waschmaschine länger lebt.

Menge: ca. 1 Liter

WASCHMITTEL FÜR EXTRA WEICHE WÄSCHE

Flüssige Kernseife selber machen siehe S. 13

Zutaten:

- 2¼ Tassen flüssige Kernseife
- 1 Tasse Wasser
- ½ Tasse Essigessenz
- 1 EL Zitronensäure
- 10-15 Tropfen Zitronenöl
- 5 Tropfen Teebaumöl

Anwendung wie flüssiges Waschmittel

Alle Zutaten in einem Gefäß zusammenmischen und in eine Flasche abfüllen.

Info:
Essigessenz kann noch einmal zusätzlich als Weichspüler hinzugegeben werden.

Menge: ca. 1 Liter

DUFTENDES WASCHMITTELPULVER

Zutaten:

- 1 Tasse Waschsoda
- 1 Tasse Natron
- 10 Tropfen ätherisches Öl nach Wahl (siehe S. 11)
- 1 Tasse geraspelte Seife

1 Das Öl wird zur Tasse Natron hinzugegeben und vermischt, damit sich der Geruch entfalten kann. **2** Seife zu Seifenflocken raspeln. **3** Alle Zutaten miteinander vermengen und in einem verschließbaren Behältnis aufbewahren.

Info:

Bei den Düften könnt ihr ein bisschen herumexperimentieren. Lavendel zur Beruhigung, süße Orange für schöne Farben und als Fleckenentferner, Eukalyptus und Pfefferminze bei Übelkeit und einem brummenden Kopf.

Pro Ladung ½ Tasse für normale Verschmutzungen

Menge: ca. ¾ Liter

WASCHMISCHUNG FÜR WEISSE WÄSCHE

Menge: 1–2 Ladungen

Dieses Rezept eignet sich auch für sensible Babyhaut und Stoffwindeln.

Zutaten:

- 1 Tasse Natron
- ¼ Tasse Waschsoda
- ¼ Tasse Essigessenz
- 1 Tasse 3-%iges Wasserstoffperoxid

Natron und Waschsoda ins Waschmittelfach, die Essigessenz und das Wasserstoffperoxid in das Weichspülfach geben.

STÄRKESPRAY ZUM BÜGELN

Menge: ca. 1 Tasse

Einfach zusammen in eine Sprühflasche geben und leicht auf die Hemden sprühen. Bügeln.

Zutaten:

- 1 Tasse Wasser
- 2 EL Maisstärke

NATRONWEICHSPÜLER

½ Tasse als Weichspüler verwenden

Zutaten:

- 8 Tassen Wasser
- 6 Tassen Essigessenz
- 1 Tasse Natron
- 20 Tropfen ätherisches Limonenöl

1 Alle Zutaten vermengen. **2** Das Natron wird mit dem Essig reagieren, also langsam hinzufügen. **3** In eine alte Flasche geben und vor jedem Gebrauch schütteln.

Menge: ca. 3 Liter-Flaschen

ESSIGWEICHSPÜLER

Vor Gebrauch schütteln!

Zutaten:

- 1 Liter Essigessenz
- 8–10 Tropfen ätherisches Lavendelöl oder eine andere Kombination aus ätherischen Ölen (siehe S. 11)

Miteinander vermischen. Je Ladung 1 Tasse dieses Weichspülers benutzen und eine halbe Tasse für kleinere Ladungen.

Menge: ca. 1 Liter

DUFTTÜCHER FÜR DEN TROCKNER

Zutaten:

- alte T-Shirts (in kleine Teile zerschneiden)
- 3–5 Tropfen ätherische Öle nach Wahl (siehe S. 11)

Einfach auf das alte T-Shirt tropfen und mit der Wäsche in den Trockner werfen für extra Duft.

Menge: individuell

FLECKEN-VORBEHANDLUNG

Nicht auf neuer farbiger Kleidung verwenden. Wasserstoffperoxid bleicht!

Zutaten:

- 1 Tasse Wasser
- ½ Tasse Wasserstoffperoxid
- ½ Tasse Natron oder Waschsoda

1 Zutaten vermischen und in einem verschließbaren, lichtgeschützten Gefäß aufbewahren. **2** Einfach direkt auf die Flecken geben und 20 Minuten einweichen lassen. **3** Dann Klamotten in die Waschmaschine geben und wie gewohnt waschen.

Variante 1:

1 Teil Wasser und 1 Teil Essigessenz in einer Sprühflasche vermischen. Direkt auf die Flecken in der Kleidung sprühen und eventuell mit einer Zahnbürste einmassieren. Dann wie gehabt in der Waschmaschine waschen.

Variante 2:

Pures Wasserstoffperoxid auf die Flecken geben. An einer kleinen Stelle vorher testen, damit die Farben nicht ausbleichen.

Menge: ca. ¼ Liter

Küche

BLING!

ZITRONEN-GESCHIRRSPÜLMITTEL

Zutaten:

- 1 Tasse flüssige Kernseife
- 3 EL Wasser
- 2 EL Essigessenz
- 10 Tropfen ätherisches Öl (süße Orange)
- 6 Tropfen ätherisches Grapefruit- oder Zitronenöl

Alle Zutaten in eine alte Geschirrspülmittelflasche geben und gut durchschütteln.

Sollte dieses Rezept Schmierflecken auf dem Geschirr hinterlassen, einfach noch ¼ Tasse Essigessenz hinzugeben.

Menge: ca. 1 Tasse

Vor Gebrauch schütteln!

KOKOS-LIMONEN-GESCHIRRSPÜLMITTEL

Seifenflocken

Zutaten:

- 100 g Kokosseife
- 1 EL Waschsoda
- 20 Tropfen ätherisches Limonenöl
- 3½ Liter Wasser
- 1 Tasse Essigessenz

1 Erstmal die Seife fein raspeln.
2 Dann 2 Liter Wasser in einem Topf erwärmen und die geraspelte Seife hinzugeben (Wasser sollte nicht kochen). Rühren bis sich die Seifenflocken aufgelöst haben.
3 Waschsoda hinzugeben und unter Rühren auflösen lassen.
4 Danach das restliche Wasser, Essigessenz und ätherische Öle hinzugeben. **5** In einem großen Behälter aufbewahren und einen Teil in eine praktische Flasche umfüllen.

Vor dem ersten Gebrauch 24 Stunden setzen lassen.

Info:
Sollte die Mischung zu gelartig sein, einfach nochmal mit dem Stabmixer zu einer cremigen Konsistenz mixen.

Dieses Rezept wird nicht aufschäumen, aber trotzdem effektiv das Geschirr reinigen. Sparsam umgehen. Es kann auch als Allesreiniger in der Küche benutzt werden.

Tipp:
Man kann dieses Rezept auch zur Vorbehandlung von Flecken verwenden.

Sollte dieses Rezept Schmierflecken auf dem Geschirr hinterlassen, einfach noch ¼ Tasse Essigessenz hinzugeben.

Menge: ca. 3½ Liter

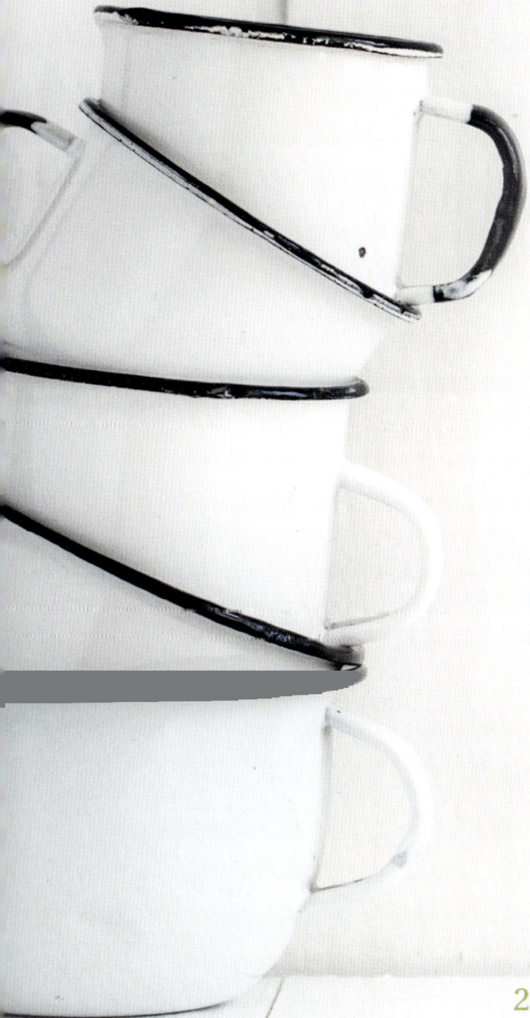

ZWEI-SPÜLBECKEN-GESCHIRRSPÜLMITTEL

Zutaten:

- ½–¾ Tasse Essigessenz
- ¼–½ Tasse Natron
- 10–12 Tropfen ätherisches Limonenöl

Ein Spülbecken mit Wasser füllen und alle Zutaten hinzugeben. Geschirr in diesem Wasser einfach mit Schwamm abschrubben und stark verschmutzte Teller für den Schluss aufheben. Mit klarem Wasser im zweiten Spülbecken abspülen.

Info:
Es wird nicht schäumen, aber alle Bakterien werden abgetötet und das Geschirr wird sauber.

Menge: ca. ¼ Liter

MITTEL FÜR DIE GESCHIRRSPÜLMASCHINE

Tipp: Bei hartem Wasser Zitronensäure hinzugeben!

Zutaten:

- 1 Tasse Waschsoda
- 1 Tasse Natron/Backsoda
- entweder 1 Tasse Salz (Meersalz)
- oder ½ Tasse Salz und ½ Tasse Zitronensäure
- optional ein paar Tropfen eines ätherischen Öls (z. B. Zitrone, siehe S. 11)

1 Zutaten miteinander vermengen. **2** Um ein Verklumpen zu verhindern, einfach ein Söckchen mit Reis gefüllt zur Mischung legen. **3** Alles gut durchmischen **4** Je Spülung einen Esslöffel des Mittels verwenden.

Variante für Tabs:

1 Wiederhole die Arbeitsschritte von vorher. **2** Dann eine Tasse Wasser dazu geben und kurz umrühren. Es wird eine Zeit lang aufschäumen. **3** Wenn es sich beruhigt hat, die Mischung in eine Eiswürfelform geben und zum Trocken an einen warmen Ort stellen. **4** 24 Stunden später kann man die Tabs wie Eiswürfel aus der Form brechen und in einem trockenen Behälter aufbewahren. **5** Pro Spülung ein Tab mit hineingeben.

Menge: ca. 1 kleine Schüssel

ZUR REINIGUNG DER SPÜLBECKEN

Essig ist effektiv, ergiebig, umweltfreundlich und macht fast alles wieder sauber und glänzend!

Zutaten:

- 1 Tasse Essigessenz
- ½ Tasse Natron
- 3 Tropfen ätherisches Eukalyptusöl
- 3 Tropfen ätherisches Limonenöl

1 Alle Zutaten in eine alte Geschirrspülmittelflasche füllen. Vorsicht, dass es nicht überschäumt. **2** Verschließen und gut schütteln. **3** Mittel auf einen Schwamm geben und wie gewohnt die Spülbecken schrubben. **4** Mit heißem Wasser nachspülen.

Menge: ca. 1 Glas oder Tasse

MISCHUNG BEI VERSTOPFTEM ABFLUSS

Natron und Essig machen den Abfluss wieder frei!

Zutaten:

- 1 Tasse Natron
- 2–4 Tropfen ätherisches Zitronenöl
- 1 Tasse Essigessenz
- 4 Tassen (oder mehr) heißes, gekochtes Wasser

1 Zitronenöl mit Natron vermischen. **2** Dann in den verstopften Abfluss geben und die Essigessenz draufgeben. **3** Nach 30 Minuten das heiße Wasser draufgeben.

Sollte es immer noch verstopft sein, einfach die Anwendung wiederholen.

Achtung:
Dieses Rezept nicht mit chemischen käuflichen Produkten kombinieren, da die Chemikalien mit dem Essig reagieren könnten und es zu giftigen Gasen führen kann.

Menge: ca. 1 große Schüssel

DESINFEKTIONS-REINIGUNGSTÜCHER

Zutaten:

- 1 Tasse heißes Wasser
- ½ TL flüssige Kernseife
- 4 Tropfen ätherisches Zitronenöl
- 2 Tropfen ätherisches Lavendelöl
- 2 Tropfen ätherisches Bergamotteöl
- alte T-Shirts oder Microfasertücher (in kleine Teile zerschneiden)

Flüssige Kernseife selber machen siehe S. 13

1 Zutaten miteinander vermischen. **2** Ein geeignetes verschließbares Gefäß suchen. **3** Die zugeschnittenen Tücher in das Gefäß geben oder einzeln rollen und hineinlegen. **4** Danach einfach die Mischung darauf verteilen und verschließen.

Info:

Vor jedem Gebrauch etwas auswringen. Die Tücher können normal in der Waschmaschine gewaschen werden und wieder zu den anderen Tüchern in der Flüssigkeit gegeben werden.

Menge: ca. 1 kleine Schüssel

KÜCHENBODEN-REINIGUNGSTÜCHER

Zutaten:

- 1 Tasse Wasser
- 1 Tasse Essigessenz
- 8 Tropfen ätherisches Lavendelöl
- 8 Tropfen ätherisches Rosmarinöl
- 4 Tropfen ätherisches Eukalyptusöl
- alte T-Shirts oder Microfasertücher (in kleine Teile zerschneiden)

1 Zutaten miteinander vermengen. **2** Für die Tücher einfach alte, zurechtgeschnittene T-Shirts/Mikrofasertücher verwenden, die ihr an eurem Wischmop anbringen könnt. **3** Tücher in die Flüssigkeit geben und einziehen lassen. **4** Wenn sie gleichmäßig nass sind, in ein verschließbares Gefäß oder in einen Druckverschlussbeutel geben. Es geht einfach darum, dass die Tücher nicht austrocknen und feucht bleiben bis sie benutzt werden. Die übrig gebliebene Flüssigkeit kann aufgehoben werden bis man wieder neue Tücher herstellt.

Menge: ca. 1 kleine Schüssel

FLIESENBODEN-REINIGER

Menge: ca. ½ Liter

Zutaten:

- 3½ Tassen Wasser
- ½ Tassen Essigessenz
- 3–4 Tropfen flüssige Kernseife
- 5 Tropfen ätherisches Zitronenöl

Alle Zutaten in einen Eimer geben und wie gewohnt den Boden wischen!

Flüssige Kernseife selber machen siehe S. 13

LINOLEUMBODEN-REINIGER

Menge: ca. 1 Eimer

Zutaten:

- 1 Eimer voll Wasser
- ½ Tassen Essigessenz
- 10 Tropfen ätherisches Grapefruitöl
- 5 Tropfen ätherisches Bergamotteöl

Alle Zutaten in einen Eimer geben und wie gewohnt den Boden wischen!

BACKOFEN-REINIGER

Zutaten:

Flüssige Kernseife selber machen siehe S. 13

- ¼ Tasse Natron
- 3 EL Essigessenz
- 3 Tropfen flüssige Kernseife

1 Zutaten in einer Schüssel zu einer Paste verrühren. **2** Mit einem Schwamm in diese Paste eintauchen und den schmutzigen Ofen damit einreiben. **3** 10 Minuten warten und dann mit einem nassen Schwamm die Paste entfernen bis es sauber ist.

Menge: ca. 1 kleine Schüssel

MIKROWELLENHERD-REINIGER

Zutaten:

- 1 Tasse Essigessenz
- 5 Tropfen ätherisches Öl
  (z. B. süße Orange oder Limone)

1 Alle Zutaten in eine mikrowellen-geeignete Schüssel geben. **2** In den Mikrowellenherd stellen und 1–2 Minuten lang laufen lassen. Es bildet sich ein Dampf, der alles Eingetrocknete aufweichen wird. **3** Danach einfach die Mikrowelle mit einem Schwamm und warmem Wasser auswischen.

Menge: ca. 1 kleine Schüssel

SCHNEIDEBRETTER DESINFIZIEREN

Das blubbernde Zischgeräusch sind die sterbenden Bakterien.

Handschuhe tragen!

Zutaten:

- Wasserstoffperoxid

1 Wasserstoffperoxid in eine Sprühflasche geben. **2** Schneidebretter damit einsprühen. Warten bis es aufgehört hat zu blubbern und bei Bedarf noch einmal besprühen bis es nicht mehr blubbert. **3** Dann einfach mit einem Schwamm abwischen.

Menge: individuell

OBST UND GEMÜSE WASCHEN

Zutaten:

- 1½ Tassen Wasser
- ½ Tasse Essigessenz
- 2 EL Natron
- 1 EL Zitronensaft

Vorsicht, Natron reagiert mit Essig und wird anfangen zu schäumen.

1 Zutaten in eine Sprühflasche geben. **2** Obst und Gemüse einfach mit dieser Lösung einsprühen und ein paar Minuten warten. **3** Danach unter klarem Wasser abspülen.

Menge: ca. ¼ Liter

Badezimmer

OASE!

SPRÜHREINIGER FÜR DIE DUSCHE

Flüssige Kernseife selber machen siehe S. 13

Zutaten:

- 100 ml flüssige Kernseife
- 500 ml hochprozentiger Alkohol (Wodka, Rum, Gin)
- Wasser bis der Eimer aufgefüllt ist

Zutaten in einem Eimer vermischen und dann in mehrere Sprühflaschen abfüllen.

Tipp:
Eine Sprühflasche immer neben der Dusche stehen lassen, sodass ihr die Duschwände nach jedem Duschen mit einsprühen könnt.

Dieser Reiniger kann auch als normales Putzmittel benutzt werden!

Menge: ca. 1 Eimer

DUSCHKOPFENTKALKER

Zutaten:

- 1 Plastikbeutel
- Essigessenz

1 Plastikbeutel mit Essigessenz füllen. **2** Duschkopf in diesen Beutel legen, mit einem Gummiband um den Duschkopf befestigen und eine Stunde warten. **3** Plastikbeutel entfernen und kurz unter fließendem Wasser abwaschen.

Menge: individuell

SPRÜHREINIGER GEGEN SEIFENRESTE

Zutaten:

- 1½ Tassen Wasser
- 1½ Tassen Essigessenz
- 8 Tropfen Grapefruitkernextrakt
- 5 Tropfen ätherisches Öl (süße Orange)

Miteinander vermischen und in eine Sprühflasche füllen.

Menge: ca. ¼ Liter

WASCHBECKEN-REINIGER

Zutaten:

- ¼ Tasse Natron
- 2 EL Essigessenz
- 3 Tropfen ätherisches Öl nach Wahl (siehe S. 11)

1 Erst einmal den Abfluss verschließen. **2** Dann Natron reingeben und darauf den Essig und das ätherische Öl. **3** Den Schwamm einfach eintunken und das Waschbecken putzen. **4** Vor dem Abspülen mit klarem, warmem Wasser den Abfluss wieder öffnen.

Menge: individuell

TOILETTENREINIGER

Zutaten:

- ¼ Tasse Natron
- 1 Tasse Essigessenz

1 Beides miteinander vermischen und dann in die Toilette geben. **2** Es sollte paar Minuten einwirken. **3** Danach mit der Toilettenbürste schrubben und zum Schluss alles wegspülen.

Variante 1:

sparsame Variante

1 Natron in die Toilette streuen. **2** Danach Essigessenz aus einer Sprühflasche darauf sprühen und ein paar Minuten einwirken lassen. **3** Dann mit der Toilettenbürste schrubben.

Variante 2:

frische Variante

Zutaten:

- ½ Tasse Natron
- ¼ Tasse Essigessenz
- 10 Tropfen ätherisches Teebaumöl

Durch das Teebaumöl entsteht zusätzlich ein frischer Duft!

1 Alles miteinander vermengen und in die Toilette geben. **2** Mit der Toilettenbürste eintunken und schrubben.

Menge: individuell

TOILETTENREINIGER-TABS

Zutaten:

- 1 Tasse Natron
- 1 Tasse Zitronensäure
- Sprühflasche mit Wasser
- 5–10 Tropfen ätherische Öle
  (siehe S. 11, z. B. Teebaumöl und Zitronenöl)

1 Natron und Zitronensäure durchmischen. **2** Ätherische Öle und Wasser in eine kleine Sprühflasche (höchstens 100 ml) geben. **3** Gut schütteln. **4** Die Natron-Zitronensäure-Mischung mit der Sprühflasche leicht befeuchten und die Masse kneten bis sich daraus Klumpen bilden lassen, die nicht auseinanderbröckeln. **5** Die Masse in eine Eiswürfelform geben und auf einer Fensterbank über der Heizung mindestens 4 Stunden lang trocknen lassen.

Anwendung:
Nach dem Spülen einfach ein Tab in die Toilette schmeißen, beim nächsten Toilettengang erst wieder spülen.

Menge: individuell

SCHIMMELENTFERNER MIT WASSERSTOFFPEROXID

Zutaten:

- ½ Tasse Wasserstoffperoxid
- 1 Tasse Wasser
- 6 Tropfen ätherisches Zitronenöl

1 Alles in eine Sprühflasche geben und schütteln. **2** Den Spray an einer kleinen Stelle testen, da es ausbleichend wirken kann. **3** Wenn alles in Ordnung ist, den Schimmel großflächig damit einsprühen und ein paar Stunden einwirken lassen. **4** Hinterher mit einem feuchten Tuch wegwischen oder einfach mit Wasser abwaschen.

Tipp:
Vielleicht muss die Anwendung noch einmal wiederholt werden, bis alle Schimmelsporen vernichtet sind.

Wasserstoffperoxid desinfiziert und bekämpft den Schimmelpilz.

Menge: ca. 2 Tassen

SCHIMMELENTFERNER MIT ESSIG

Zutaten:

- 1 Tasse Essigessenz
- ½ Tasse Wasser
- 4 Tropfen ätherisches Grapefruitöl
- 3 Tropfen ätherisches Bergamotteöl
- 2 TL ätherisches Teebaumöl

1 Zutaten miteinander in einer Sprühflasche vermengen. **2** Einmal schütteln, damit alles vermischt ist. **3** Den Schimmel großflächig besprühen und einige Stunden warten. **4** Den Schimmel noch einmal einsprühen. Trocknen lassen, nicht abwischen.

Hier wirken Essig und Teebaumöl antifungal.

Menge: ca. 2 Tassen

SCHEUERMILCH

Zutaten:

- 1 Tasse Natron
- ¼ Tasse flüssige Kernseife
- 4 Tropfen ätherisches Lavendelöl
- Wasser

Flüssige Kernseife selber machen siehe S. 13

1 Die ersten drei Zutaten miteinander vermischen. **2** Dann Wasser hinzugeben bis eine schöne, cremige Konsistenz entstanden ist.

Einfach direkt auf die zu reinigenden Oberflächen geben und mit einem Schwamm oder Tuch schrubben. Mit klarem Wasser abwischen bis alles entfernt ist.

Menge: ca. 2 Tassen

SPIEGELREINIGER

Zutaten:

- 1½ Tassen Essigessenz
- ½ Tasse Wasser
- 8–10 Tropfen ätherisches Öl
  (siehe S. 11, z. B. Grapefruit, Zitrone oder Limone)

Alles in eine Sprühflasche geben, schütteln und Spiegel damit einsprühen. Mit einem trockenen Tuch/Mikrofasertuch sauber wischen.

Man kann auch mit zerknülltem Zeitungspapier trocken wischen.

Das funktioniert super und hinterlässt keine Streifen!

Menge: ca. 2 Tassen

Alles-
reiniger

WISCH!

ALLESREINIGER

Für die Sprühflasche

Zutaten:

- 1 Liter Wasser
- ¼ Tasse Essigessenz
- ¼ Tasse Natron
- 8 Tropfen ätherisches Rosmarinöl

1 Zutaten miteinander vermengen und in Sprühflaschen abfüllen. **2** Vor jedem Gebrauch gut schütteln. **3** Einfach Oberflächen besprühen und mit einem Tuch abwischen.

Dieser Reiniger kann für alles außer Glas benutzt werden.

Menge: ca. 1½ Liter-Flasche

ALLESREINIGER-TÜCHER

Zutaten:

- ½ Tasse Wasser
- ½ Tasse Essigessenz
- 6 Tropfen ätherisches Limonen- bzw. Zitronenöl
- alte T-Shirts oder Microfasertücher (in kleine Teile zerschneiden)

1 Zutaten bis auf die Tücher in ein verschließbares Gefäß geben und kurz rühren/schütteln. **2** Tücher hineingeben. **3** Vor jedem Gebrauch einmal auswringen.

Info:
Tücher können normal in der Waschmaschine gewaschen werden und dann wieder in die Flüssigkeit gegeben werden.

Menge: individuell

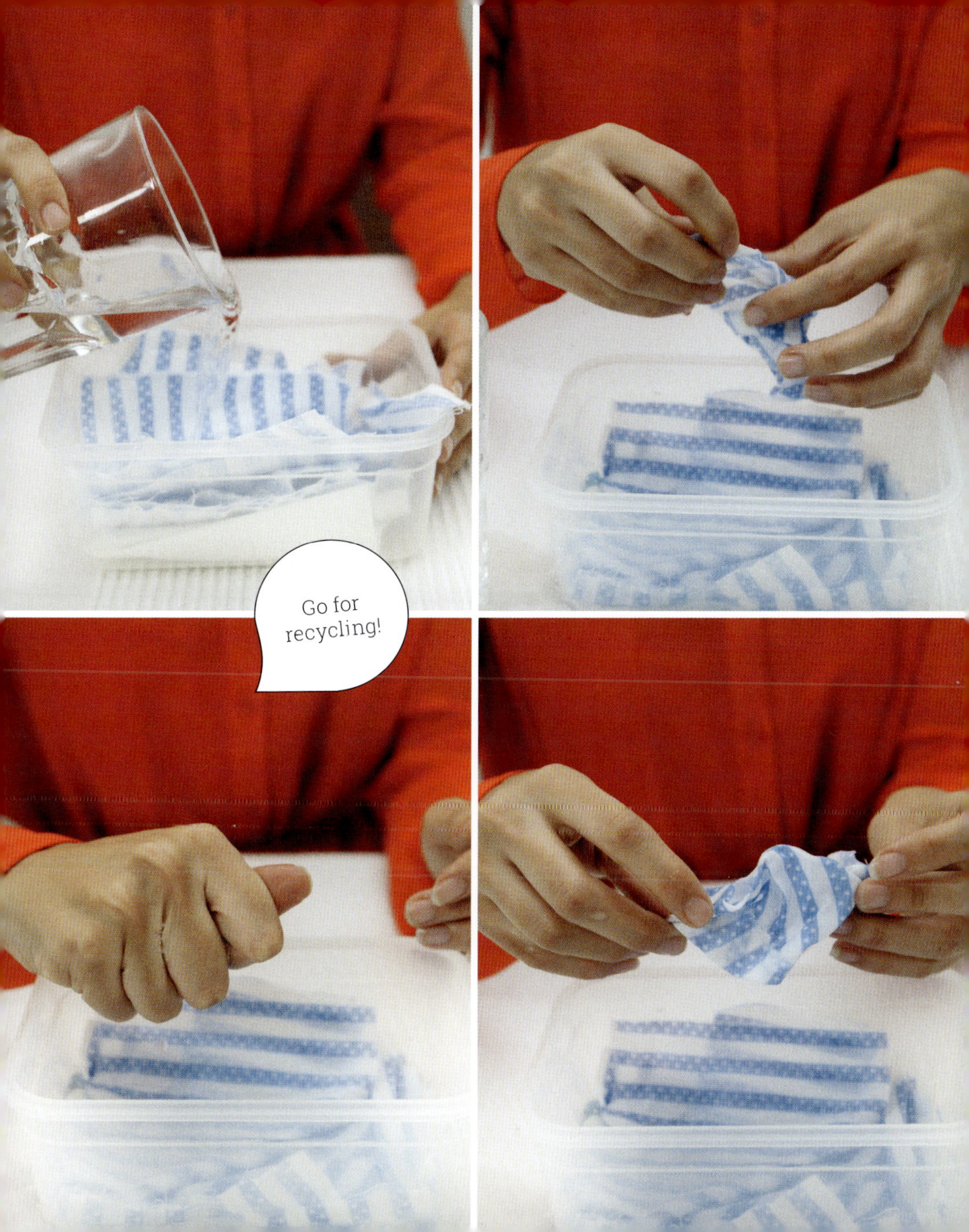
Go for recycling!

DESINFEKTIONS-ALLESREINIGER

Zutaten:

Flüssige Kernseife selber machen siehe S. 13

- 2 Tassen Wasser
- ½ Tasse Essigessenz
- 1 TL flüssige Kernseife
- 20 Tropfen ätherisches Teebaumöl
- 20 Tropfen ätherisches Lavendelöl
- Sprühflasche mit Wasserstoffperoxid

1 Zutaten bis auf Wasserstoffperoxid in einer leeren Sprühflasche miteinander vermischen. **2** Die zu reinigende Oberfläche mit dieser Mixtur besprühen und zum desinfizieren extra Wasserstoffperoxid gleich hinterhersprühen. **3** Mit einem trockenen Tuch abwischen und putzen.

Handschuhe tragen!

Menge: individuell

SPRÜHREINIGER ZUM STAUB WISCHEN

Alte Socken können über die Hand gestülpt werden für einfaches Staubwischen. Auch für Kinder geeignet.

Zutaten:

- ½ Tasse Wasser
- 2 EL Ölseife
- 8 Tropfen ätherisches Zedernholzöl
- 4 Tropfen ätherisches Lavendelöl

1 Zutaten in einer Sprühflasche miteinander vermischen. Gut schütteln. **2** Einfach auf die zu reinigende Holzoberfläche sprühen und mit einem trockenen Tuch/Mikrofasertuch wischen.

Menge: individuell

SCHWAMMREINIGER

Zutaten:

- Natron

Einfach etwas Natron auf den gebrauchten Schwamm streuen. Etwas mit den Fingern einmassieren und ausspülen.

Menge: individuell

Fenster & Wände

OHO!

ZITRONEN-FENSTERREINIGER

Lieber an wolkigen Tagen Fenster putzen, da warme Fenster eher zu Schmierspuren neigen.

Zutaten:

- 1 Tasse Wasser
- 1 Tasse Essigessenz
- 10 Tropfen ätherisches Zitronen- oder Limonenöl

1 Alle Zutaten in einer Sprühflasche miteinander vermengen. **2** Schütteln. **3** Auf die zu reinigende Oberfläche sprühen und mit einem trockenen Tuch oder zerknülltem Zeitungspapier trocken wischen.

Menge: ca. 2 Tassen

INTENSIV-FENSTERREINIGER

Zutaten:

- 2 Tassen hochprozentiger Alkohol (Wodka, Rum, Gin etc.)
- ½ Tasse Essigessenz
- ½ TL flüssige Kernseife
- Wasser

Flüssige Kernseife selber machen siehe S. 13

1 Zutaten bis auf Wasser in einen Eimer geben und danach mit Wasser auffüllen. **2** In Sprühflaschen abfüllen. **3** Fenster damit besprühen und mit einem Tuch trocken wischen.

Menge: ca. 1 Eimer

WANDREINIGER

Vorher an einer kleinen Stelle auspro-bieren!

Zutaten:

- 1 Tasse Wasser
- ¾ Tasse Essigessenz
- 4 Tropfen ätherisches Grapefruitöl
- 2 Tropfen ätherisches Bergamotte- oder Limonenöl

1 Zutaten in einem Eimer oder Ähnlichem zusammenmischen. **2** Ein Tuch/Schwamm/Mikrofasertuch darin eintunken, gut auswringen und die zu behandelnde Stelle damit wischen.

Menge: ca. 1 Eimer

Luft-erfrischer

MMMHH!

Fördert einen erholsamen Schlaf

SCHLAFZIMMER-SPRAY

Zutaten:

- 1 Tasse Wasser
- 2 Tropfen ätherisches Bergamotteöl
- 2 Tropfen ätherisches Lavendelöl
- 2 Tropfen ätherisches Zedernholzöl

1 Wasser und die ätherischen Öle in eine Sprühflasche geben.
2 Schütteln, um alles gut zu vermischen. Vor jedem Gebrauch erneut schütteln, um die Öle mit dem Wasser zu verbinden.

Abends vor dem Zubettgehen sprühen, um unangenehme Gerüche mit neuen, beruhigenden Gerüchen zu ersetzen

Menge: ca. 1 Tasse

MORGENSPRAY

Zutaten:

- 1 Tasse Wasser
- 3 Tropfen ätherisches Öl (süße Orange)
- 2 Tropfen ätherisches Pfefferminzöl
- 2 Tropfen ätherisches Lavendelöl

Zutaten in eine Sprühflasche geben und vor jedem Gebrauch einmal kräftig schütteln.

Erfrischt die Sinne und gibt dir einen Kick zum Aufstehen. Für einen guten Start in den Tag!

Menge: ca. 1 Tasse

ZITRONENSPRAY

Perfekt für Küche oder Bad. Eliminiert Gerüche und erfrischt die Luft.

Zutaten:

- 1 Tasse Wasser
- 3 Tropfen ätherisches Zitronenöl
- 2 Tropfen ätherisches Limonenöl
- 1 Tropfen ätherisches Öl (süße Orange)

Zutaten in eine Sprühflasche geben und vor jedem Gebrauch einmal kräftig schütteln.

Menge: ca. 1 Tasse

KONZENTRATIONSSPRAY

Belebt die Sinne und fördert die Konzentration!

Zutaten:

- 1 Tasse Wasser
- 3 Tropfen ätherisches Lavendelöl
- 2 Tropfen ätherisches Rosmarinöl
- 2 Tropfen ätherisches Eukalyptusöl

Zutaten in eine Sprühflasche geben und vor jedem Gebrauch einmal kräftig schütteln.

Menge: ca. 1 Tasse

Boden & Teppich

SAUBER!

FLECKENENTFERNER FÜR TEPPICHE

Zutaten:

- ½ Tasse Wasser
- ½ Tasse Essigessenz

1 Zutaten in einer Sprühflasche miteinander vermengen. **2** Fleck erst einmal mit einem trockenen Tuch trocken tupfen. **3** Dann die Mischung darauf sprühen und für ein paar Minuten einwirken lassen. **4** Fleck mit einem Schwamm und Seifenwasser entfernen. Flecken immer von außen nach innen entfernen, um sie nicht erstmal zu vergrößern.

Tipp:
Ihr könnt auch gleich Wasserstoffperoxid auf den Fleck geben, jedoch an einer kleinen Stelle erst ausprobieren, da es die Farbe ausbleichen kann. Am besten auf weißen oder hellen Teppichen benutzen.

Menge: ca. 1 Tasse

WOHLRIECHENDE TEPPICHPFLEGE

Nur auf trockenen Teppichen verwenden.

Zutaten:

- ½ Tasse Natron
- 8–10 Tropfen ätherisches Öl nach Wahl (siehe S. 11)

1 Zutaten in einer Schüssel gleichmäßig miteinander vermengen. **2** Mischung leicht mit der Hand auf den Teppich streuen. **3** 15 Minuten einziehen lassen und dann mit einem Staubsauger absaugen.

Menge: ca. ½ Tasse

Bergamotte und Grapefruit ergeben einen tollen frischen Duft!

PARKETTBODEN-REINIGER

Zutaten:

- 2 Tassen Wasser
- 2 Tassen Essigessenz
- 20 Tropfen ätherisches Rosmarin- oder Zedernholzöl

1 Zutaten vermischen (z. B. in einer leeren, sauberen Ketchupflasche). **2** Zum Putzen einfach auf dem Boden verteilen und mit einem trockenen Mopp drüberwischen.

Flüssigkeit sollte nicht zu lange auf dem Boden stehen gelassen werden, deswegen gleich wischen.

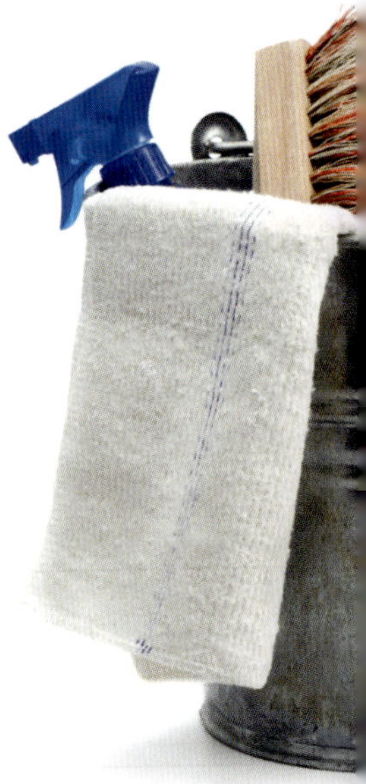

Menge: ca. ½ Liter

MÖBELPOLITUR

für lasierte Holzoberflächen

Zutaten:

- ½ Tasse warmes Wasser
- 3 Tropfen ätherisches Zitronenöl

1 Zutaten in einer Sprühflasche zusammenmixen.
2 Schütteln und dann auf die Oberfläche sprühen.
3 Mit einem Tuch trocken wischen und am besten mit der feinen Seite eines Mikrofasertuches drüberwischen für mehr Glanz.

Menge: ca ½ Tasse

für unlasierte Holzoberflächen

Zutaten:

- 2 TL Olivenöl
- 2 TL Zitronensaft

1 Zutaten in einer Sprühflasche zusammenmischen.
2 Gut schütteln. **3** Flüssigkeit auf ein trockenes Tuch sprühen und dann das Holz damit polieren.

Menge: individuell